Made in the USA
Columbia, SC
10 December 2022

73243566R00067